40 Minutos
DE ESTUDIO BÍBLICO

PROGRAMA DE
ESTUDIO
EN 6 SEMANAS

ENTENDIENDO

LOS DONES

ESPIRITUALES

MINISTERIOS
PRECEPTO
INTERNACIONAL

KAY ARTHUR
DAVID &
BJ LAWSON

Entendiendo los Dones Espirituales
Publicado en inglés por WaterBrook Press
12265 Oracle Boulevard, Suite 200
Colorado Springs, Colorado 80921
Una división de Random House Inc.

Todas las citas bíblicas han sido tomadas de la Nueva Biblia Latinoamericana de Hoy;
© Copyright 2005
Por la Fundación Lockman.
Usadas con permiso (www.lockman.org).

ISBN 978-1-62119-209-1

2013 – Edición Estados Unidos

CONTENIDO

Cómo usar este estudio v

Introducción: Entendiendo los dones espirituales 1

Primera Semana: ¿Qué te califica para recibir un
don espiritual? 3

Segunda Semana: ¿De dónde provienen los dones espirituales
y cuál es su propósito? 15

Tercera Semana: ¿Se puede escoger o ganar algún
don espiritual en particular? 25

Cuarta Semana: ¿Qué espera Dios que hagas con
tu don espiritual? 37

Quinta Semana: ¿Por qué la iglesia necesita tu don? 49

Sexta Semana: Ejemplos de los dones espirituales en acción 63

Este estudio bíblico inductivo está dirigido a grupos pequeños interesados en conocer la Biblia, pero que dispongan de poco tiempo para reunirse. Resulta ideal, por ejemplo, para grupos que se reúnan a la hora de almuerzo en el trabajo, para estudios bíblicos de hombres, para grupos de estudio de damas o para clases pequeñas de Escuela Dominical (también es muy útil para grupos que se reúnan durante períodos más largos—como por las noches o sábados por la mañana—que sólo quieran dedicar una parte de su tiempo al estudio bíblico; reservando el resto del tiempo para la oración, comunión y otras actividades).

El presente libro ha sido diseñado de tal forma que el propio grupo complete la tarea de cada lección al mismo tiempo. La discusión de las observaciones, extraídas de lo que Dios dice acerca de un tema en particular, les revelará impactantes y motivadoras verdades.

Aunque se trata de un estudio en grupo y participativo, resulta necesaria la intervención de un moderador para que dirija al grupo—alguien quien procure que la discusión se mantenga activa (la función de esta persona no es la de un conferenciante o maestro; sin embargo, al usar este libro en una clase de Escuela Dominical o en una reunión similar, el maestro deberá sentirse en libertad de dirigir el estudio de forma más abierta; brindando observaciones complementarias, además de las incluidas en la lección semanal).

Si eres el moderador del grupo, a continuación encontrarás algunas recomendaciones que te ayudarán a hacer más fácil tu trabajo:

- Antes de dirigir al grupo, revisa toda la lección y marca el texto. Esto te familiarizará con su contenido y te capacitará para ayudarles con mayor facilidad. La dirección del grupo te será más cómoda si tú mismo sigues las instrucciones de cómo marcar y si escoges un color específico para cada símbolo que marques.

- Al dirigir el grupo comienza por el inicio del texto leyéndolo en voz alta según el orden que aparece en la lección; incluye además los "cuadros de aclaración" que podrían aparecer después de las instrucciones y a mitad de las observaciones o de la discusión. Motívales a trabajar juntos la lección, observando y discutiendo todo cuanto aprendan. Y, al leer los versículos bíblicos, pide que el grupo diga en voz alta la palabra que estén marcando en el texto.

- Las preguntas de discusión sirven para ayudarte a cubrir toda la lección. A medida que la clase participe en la discusión, te irás dando cuenta que ellos responderán las preguntas por sí mismos. Ten presente que las preguntas de discusión son para guiar al grupo en el tema, y no para suprimir la discusión.

- Recuerda lo importante que resulta para la gente el expresar sus respuestas y descubrimientos; pues esto fortalecerá grandemente su entendimiento personal de la lección semanal. Por lo tanto, ¡asegúrate que todos tengan oportunidad de contribuir en la discusión semanal!

- Procura mantener la discusión activa, aunque esto pudiera significarles pasar más tiempo en algunas partes del estudio que en otras. De ser necesario, siéntete en libertad de desarrollar una lección en más de una sesión; sin embargo, recuerda evitar avanzar a un ritmo muy lento, puesto que es mejor que cada uno sienta "que desea más"- a que se retiren por falta de interés.

- Si las respuestas del grupo no te parecen adecuadas, puedes recordarles cortésmente que deben mantenerse enfocados en la verdad de las Escrituras; su meta es aprender lo que la Biblia dice, y no el adaptarse a filosofías humanas. Sujétense únicamente a las Escrituras, y permitan que Dios sea quien les hable ¡Su Palabra es verdad! (Juan 17:17).

ENTENDIENDO LOS DONDES ESPIRITUALES

Hoy en día, muchas iglesias parecen poner demasiado énfasis en crear ambientes amigables, implementar programas para el crecimiento de la membresía, construir un ministerio fenomenal de multimedia, e incorporar al equipo miembros con "gran visión" y personalidades carismáticas.

Ante esto, vale la pena plantearnos una pregunta… ¿Quién está siendo realmente glorificado en todo esto: Dios o el hombre?

En nuestros esfuerzos por presentar a la iglesia como algo interesante y llamativo, hemos olvidado una de las provisiones clave de Dios para nuestro crecimiento y madurez: los dones espirituales.

Los dones espirituales son una verdadera necesidad en el ministerio de todo cuerpo de creyentes. Todos nosotros, como seguidores de Cristo deberíamos estar trabajando juntos para fortalecer el cuerpo, para producir la unidad, para ser la luz que brilla en la oscuridad, y para dar la gloria a Dios. Y esto se hace a través del poder del Espíritu Santo; a través de los dones que Él nos da.

Como escribió el predicador A. W. Tozer: "Estos no son meramente talentos naturales, sino dones impartidos por el Espíritu Santo para capacitar al creyente para su lugar en el cuerpo de Cristo. Son como los tubos de un gran órgano, permitiendo al músico amplias posibilidades para producir música de la más fina calidad. Pero son, repito, más que talentos. Son dones espirituales".*

Desafortunadamente, muchos cristianos parecen pasar por alto los dones del Espíritu –qué son, cómo son recibidos o cómo deben usarse.

En las siguientes seis semanas de estudio aprenderás las respuestas a éstas y otras preguntas. A medida que descubras una visión más amplia de cómo desea Dios que funcionen los dones espirituales dentro de la iglesia, tu estudio de este tema te preparará para entrar en la agenda de Dios y desempeñar un activo rol en Su ministerio; no tan solo en el cuerpo de Cristo, sino posiblemente también para el resto del mundo.

Aún está por verse lo que Dios haría por Su Iglesia si todos nos postráramos ante Él con una Biblia abierta y clamáramos: "¡He aquí tu siervo Señor! ¡Hágase en mí según Tu voluntad!"+

---

* A.W. Tozer, *Keys to the Deeper Life* (Grand Rapids: Zondervan, 1984), 44.
+ Tozer, *Keys to the Deeper Life*, 47

En ocasiones, el tema de los dones espirituales puede verse tan confuso que aún el hecho de comenzar su discusión podría parecer difícil. Existen tantas interrogantes al respecto… ¿Quién tiene un don espiritual? ¿Todos lo tenemos? ¿O son solo para la gente súper espiritual?

A fin de tener las respuestas, acudamos directamente al Dador mismo de los dones y permitámosle que Él nos explique los dones. Conforme vayas leyendo en la Biblia todas estas verdades por ti mismo, estamos muy seguros que notarás que el tema no es tan complicado como lo pensabas.

Primero, consideraremos estas dos preguntas: ¿qué tipos de dones hay? ¿Quién califica para recibirlos?

OBSERVA

Jesús preparó a Pedro para afrontar la tribulación por parte del mundo; luego, Pedro debía de preparar a otros. Así que el apóstol escribió una carta a los "escogidos", los creyentes repartidos por toda Asia durante la intensa persecución de aquellos días, para animarlos e instruirlos en cómo vivir según la voluntad de Dios (1 Pedro 1:2; 4:2).

Líder: Lee en voz alta 1 Pedro 4:10-11. Pide al grupo que diga en voz alta y...

- *Dibuje un rectángulo alrededor de cada referencia a **don**:* ☐
- *Subraye la frase **cada uno**, que aquí se refiere a los **creyentes**.*

1 Pedro 4:10-11

[10] Según cada uno ha recibido un don especial, úselo sirviéndose los unos a los otros como buenos administradores de la multiforme gracia de Dios.

[11] El que habla, que hable conforme a las palabras de Dios; el que sirve (que ministra), que lo haga por la

fortaleza que Dios da, para que en todo Dios sea glorificado mediante Jesucristo, a quien pertenecen la gloria y el dominio por los siglos de los siglos. Amén.

A medida que lees el texto, te será de ayuda que el grupo diga las palabras clave en voz alta mientras las están marcando. De esta manera todos estarán seguros de haber marcado cada ocurrencia de esa palabra, incluyendo cualquier otra palabra o frase sinónima. Hagan esto a lo largo de todo el estudio.

ACLARACIÓN

Una forma de entender mejor lo que el texto nos está diciendo es plantear las 6 preguntas básicas – *quién, qué, cómo, cuándo, dónde* y *por qué* – acerca del pasaje. Al hacer estas preguntas irás un poco más despacio y verás realmente lo que el escritor está diciendo.

DISCUTE

- ¿**Quién** recibe un don?

- ¿De **qué** se trata este pasaje?

- ¿**Qué** deben hacer los creyentes con el don que han recibido?

- ¿**Cómo** deben usar lo que han recibido?

- ¿Puede utilizarse el don para beneficio personal? Explica tu respuesta.

ACLARACIÓN

Un *don espiritual* es una habilidad dada por Dios para servirle a Él y a otros cristianos, de manera que Cristo es glorificado y los creyentes edificados. Cada creyente tiene por lo menos un don espiritual, sin importar sus talentos y habilidades naturales.

- ¿En **qué** dos categorías Pedro dividió los dones?

- ¿**Qué** deben hablar los que tienen el don del habla?

- ¿**Cómo** deben cumplir su rol aquellos que sirven?

- **¿Por qué** debemos usar nuestros dones de la manera descrita? Observa cuidadosamente el final del versículo 11 si necesitas una pista.

- Ahora evaluemos lo que acabas de leer y cómo se aplica a ti. Considerando tu experiencia sirviendo en la iglesia, y tu deseo de hacerlo, ¿qué categoría describe mejor la manera en que Dios te ha equipado: el servir o el hablar?

- ¿Qué te han dicho los demás que confirme esto?

Hechos 6:1-6

[1] Por aquellos días, al multiplicarse el número de los discípulos, surgió una queja de parte de los Judíos Helenistas en contra de los Judíos nativos, porque sus viudas eran desatendidas en la distribución diaria de los alimentos.

OBSERVA

La iglesia primitiva experimentó serias dificultades al expandirse; lo cual alertó a los discípulos de la imposibilidad de hacer todo el trabajo ellos mismos.

Líder: Lee Hechos 6:1-6 en voz alta. Pide al grupo que...
- *Encierre las palabras (servir) y (servicio)*
- *Dibuje un rectángulo alrededor de cada referencia a la **palabra**.*

DISCUTE

- ¿Cuál era la queja que había surgido entre la congregación?

- ¿Cómo respondieron los doce, según el versículo 2? ¿Qué te dice esto acerca del entendimiento que tenían de sus dones?

- ¿Qué tipo de dones tenían los doce?

- ¿Qué categoría de dones era necesaria para resolver el conflicto?

- En la actualidad, hay mucha gente que piensa que el equipo pastoral debería hacerse cargo de todo el trabajo relacionado con la vida de la iglesia. Pero, según lo que viste en este pasaje, ¿es esto cierto? Explica tu respuesta.

[2] Entonces los doce (apóstoles) convocaron a la congregación de los discípulos, y dijeron: "No es conveniente que nosotros descuidemos la palabra de Dios para servir mesas.

[3] Por tanto, hermanos, escojan de entre ustedes siete hombres de buena reputación, llenos del Espíritu Santo y de sabiduría, a quienes podamos encargar esta tarea.

[4] Y nosotros nos entregaremos a la oración y al ministerio (al servicio) de la palabra."

5 Lo propuesto tuvo la aprobación de toda la congregación, y escogieron a Esteban, un hombre lleno de fe y del Espíritu Santo, y a Felipe, a

Prócoro, a Nicanor, a Timón, a Parmenas y a Nicolás, un prosélito de Antioquía.

[6] A éstos los presentaron ante los apóstoles, y después de orar, pusieron sus manos sobre ellos.

Efesios 4:1-6

[1] Yo, pues, prisionero del Señor, les ruego que ustedes vivan (anden) de una manera digna de la vocación con que han sido llamados.

[2] Que vivan con toda humildad y mansedumbre, con paciencia, soportándose unos a otros en amor,

[3] esforzándose por preservar la unidad del Espíritu en el vínculo de la paz.

• ¿Cómo se relaciona esto con lo que leíste en 1 Pedro?

OBSERVA

En los primeros tres capítulos de esta carta a los efesios, Pablo describió la asombrosa realidad de nuestra salvación. En el capítulo 3 escribió específicamente acerca del hecho de que la fe en Cristo trae unidad entre grupos de gente radicalmente diferente, como los judíos y los gentiles. Escribiendo a la luz de todas estas cosas, él abre con la palabra *pues* en Efesios 4:1.

Líder: Lee Efesios 4:1-6 en voz alta. Pide al grupo que diga en voz alta y...

- *Marque las referencias a* **unidad**, *incluyendo la palabra* **uno**, *con un semicírculo, como éste:*

- *Dibuje una sencilla figura sobre la palabra* **cuerpo**, *como ésta:*

DISCUTE

- Haz una lista de los comportamientos y características que Pablo instruyó a los creyentes que deben mostrar en los versículos 1-2.

- Según el versículo 3, ¿por qué debemos comportarnos de esta manera?

- ¿Qué aprendiste al marcar *uno* en los versículos 4-6?

- ¿Cómo se aplica esto a nuestra discusión de los dones espirituales?

[4] Hay un solo cuerpo y un solo Espíritu, así como también ustedes fueron llamados en una misma esperanza de su vocación;

5 un solo Señor, una sola fe, un solo bautismo,

6 un solo Dios y Padre de todos, que está sobre todos, por todos y en todos.

Efesios 4:7-8, 11-16

⁷ Pero a cada uno de nosotros se nos ha concedido la gracia conforme a la medida del don de Cristo.

⁸ Por tanto, dice: "Cuando ascendió a lo alto, llevo cautiva un gran número de cautivos, y dio dones a los hombres."

¹¹ Y El dio a algunos el ser apóstoles, a otros profetas, a otros evangelistas, a otros pastores y maestros,

¹² a fin de capacitar a los santos para la obra del ministerio, para la edificación del cuerpo de Cristo;

¹³ hasta que todos lleguemos a la unidad de la fe y del pleno

OBSERVA

Pablo pasó de describir lo que todos los creyentes tienen en común, a detallar cómo se diferencian unos de otros. Veamos lo que él identificó como las áreas de individualidad dentro de la unidad del Espíritu.

Líder: Lee Efesios 4:7-8 y 11-16 en voz alta. Pide al grupo que diga en voz alta y...

- *Dibuje un rectángulo alrededor de las palabras **concedido**, **don** y **dio**.*
- *Marque cada referencia al **cuerpo** como hicieron antes.*

Líder: Lee el pasaje de nuevo. Esta vez pide al grupo que...

- *Diga en voz alta y marque cada referencia a **Cristo**, incluyendo sinónimos y pronombres, con una cruz:* ✝

DISCUTE

- Según los versículos 7 y 8, ¿quién dio qué cosa a quién?

• ¿Cuándo sucedió esto?

• Haz una lista de los dones mencionados en el versículo 11.

ACLARACIÓN

Apóstol – alguien enviado con un mensaje.

Profeta – alguien con la habilidad dada por Dios de hablar un mensaje de la Palabra de Dios que edifica, exhorta y/o conforta el cuerpo.

Evangelista – un mensajero de las buenas nuevas; alguien que comparte el evangelio claramente para que otros puedan llegar a la fe en Jesús.

Lo *pastores* y *maestros* cuidan y enseñan a las congregaciones locales.

Pastor – alguien que alimenta, atiende y protege el rebaño

Maestro – un instructor que enseña la verdad de la Palabra de manera clara y entendible

conocimiento del Hijo de Dios, a la condición de un hombre maduro, a la medida de la estatura de la plenitud de Cristo.

[14] Entonces ya no seremos niños, sacudidos por las olas y llevados de aquí para allá por todo viento de doctrina, por la astucia de los hombres, por las artimañas engañosas del error.

[15] Más bien, al hablar la verdad en amor, creceremos en todos los aspectos en Aquél que es la cabeza, es decir, Cristo,

[16] de quien todo el cuerpo, estando bien ajustado y unido por la cohesión que las coyunturas

proveen, conforme al funcionamiento adecuado de cada miembro, produce el crecimiento del cuerpo para su propia edificación en amor.

- ¿Todos los dones fueron dados a todos? Explica tu respuesta.

- ¿En qué categoría encajarían estos dones: habla o servicio?

- ¿Cuál es el propósito de estos dones, según el versículo 12?

- ¿Por cuánto tiempo se necesitan los dones?

- Finalmente, ¿cómo debemos vernos al caminar en los dones que hemos recibido?

- Según el versículo 16, ¿cómo están relacionados estos dones con la salud de la iglesia?

FINALIZANDO

Aunque pasaremos las próximas cinco semanas estudiando el tema de los dones espirituales en gran profundidad, la sencilla verdad de la lección correspondiente a esta semana es que tú tienes un don de Dios.

Como hemos visto claramente, "cada uno ha recibido un don *especial...*" (1 Pedro 4:10). Esto significa que, si eres un seguidor de Cristo, entonces Dios te ha otorgado un don para servir al cuerpo de Cristo, la iglesia.

Ese conocimiento debería ser tremendamente motivador para ti. ¡Qué privilegio tan maravilloso!

También vimos esta semana que, de manera general, los dones espirituales dados a los creyentes encajan en dos categorías: los de servicio y los de habla. Ninguna categoría es más importante que la otra, porque todos los dones son para equipar a los santos y edificar el cuerpo de Cristo. Por lo tanto, todo don es importante.

Si no sabes cuál es tu don espiritual, dedica un poco de tiempo en esta semana reflexionando en las maneras en que estás involucrado para suplir las necesidades de los demás o cumpliendo un rol particular dentro de la iglesia. La mayoría de las personas se sienten naturalmente atraídas a las áreas de ministerio que encajan con su don, así que esto puede ayudarte para aclarar cuál es tu don.

Y si *no* estás activamente involucrado en tu iglesia, te animamos a reflexionar en cuál es la razón de ello. Si tú eres un seguidor de Cristo, Él te ha equipado y llamado a un rol activo en Su obra. Entonces... ¿probarás que eres digno de Su llamado?

La semana pasada aprendimos que los dones espirituales caen dentro de dos categorías generales: habla y servicio. Pero, ¿de dónde vienen estos dones y cuándo comenzó esa expresión del Espíritu Santo? ¿Qué puede hacer una persona para adquirir estos dones?

Esta semana responderemos estas preguntas y proseguiremos para observar los propósitos de los dones espirituales.

OBSERVA

Hechos 1:9 registra la ascensión de Jesús, un evento también mencionado en Efesios 4:8 que vimos la semana pasada. Al escribir el libro de Hechos, Lucas enfocó su atención en el cumplimiento de la promesa de Jesús acerca de la venida del Espíritu Santo y el poder que los discípulos recibirían a Su llegada. Este evento marcó el comienzo de la iglesia; y el rol del Espíritu Santo en el crecimiento y desarrollo de la iglesia cristiana primitiva es un tema que encontramos a lo largo de todo el libro de Hechos.

En el pasaje que estamos a punto de leer, la palabra *todos* del versículo 1 se refiere a los discípulos.

Hechos 2:1-13

¹ Cuando llegó el día de Pentecostés, estaban todos juntos (unánimes) en un mismo lugar,

² y de repente vino del cielo un ruido como el de una ráfaga de viento impetuoso que llenó toda la casa donde estaban sentados.

³ Se les aparecieron lenguas como de fuego que, repartiéndose, se posaron sobre cada uno de ellos.

⁴ Todos fueron llenos del Espíritu Santo y comenzaron a hablar en otras lenguas, según el Espíritu les daba habilidad para expresarse.

⁵ Había Judíos que moraban en Jerusalén, hombres piadosos, procedentes de todas las naciones bajo el cielo.

⁶ Al ocurrir este estruendo, la multitud se juntó; y estaban desconcertados porque cada uno los oía hablar en su propia lengua.

⁷ Estaban asombrados y se maravillaban, diciendo: "Miren, ¿no son Galileos todos estos que están hablando?

Líder: Lee en voz alta Hechos 2:1-13. Pide al grupo que...

- *Dibuje una nube como ésta* 〰️ *alrededor de cada mención del **Espíritu Santo** o **Espíritu**.*
- *Marque con una **D** cada vez que aparezcan los pronombres **les**, **ellos** y **los**, que se refieran a los **discípulos** en este pasaje.*
- *Subraye cada vez que aparezcan las palabras **hablar**, **hablando** y **expresarse**.*

DISCUTE

- Teniendo en mente las seis preguntas básicas, discute los eventos descritos en este pasaje.

- ¿**Cuándo** sucedió esto?

- ¿**Qué** sucedió en los versículos 2-4, cuando estaban todos juntos?

- ¿**Cómo** se relaciona esto con lo que vimos la semana pasada en Efesios 4:8?

- ¿**Quién** estaba presente cuando esto sucedió? En otras palabras, ¿qué grupos de personas fueron testigos del evento?

- ¿**Cómo** escucharon el mensaje de los discípulos, según el versículo 11? ¿**Qué** escucharon?

- ¿**Cuál** fue la respuesta de estos testigos?

- ¿**Qué** estaban preguntando en el versículo 12?

[8] ¿Cómo es que cada uno de nosotros los oímos hablar en nuestra lengua en la que hemos nacido?

[9] Partos, Medos y Elamitas, habitantes de Mesopotamia, Judea y Capadocia, del Ponto y de Asia (provincia occidental de Asia Menor),

[10] de Frigia y de Panfilia, de Egipto y de las regiones de Libia (Africa) alrededor de Cirene, viajeros de Roma, tanto Judíos como prosélitos,

[11] Cretenses y Arabes, los oímos hablar en nuestros propios idiomas de las maravillas de Dios."

[12] Todos estaban asombrados y perplejos, diciéndose unos a otros:

"¿Qué quiere decir esto?"

- La palabra *pero* en el versículo 13 nos indica un contraste. ¿Cuál es ese contraste?

¹³ Pero otros se burlaban y decían: "Están borrachos."

Hechos 2:14-21

¹⁴ Entonces Pedro, poniéndose en pie con los once apóstoles, alzó la voz y les declaró: "Hombres de Judea y todos los que viven en Jerusalén, sea esto de su conocimiento y presten atención a mis palabras.

¹⁵ Porque éstos no están borrachos como ustedes suponen, pues apenas es la hora tercera (9 a.m.);

¹⁶ sino que esto es lo que fue dicho por medio del profeta Joel:

OBSERVA

En respuesta a la confusión de la multitud, Pedro explicó que estaban siendo testigos del cumplimiento de una profecía del Antiguo Testamento.

Líder: Lee Hechos 2:14-21 en voz alta. Pide al grupo que...

- *Marque cada referencia a **Pedro**, incluyendo sus pronombres, con una **P.***
- *Dibuje una nube alrededor de la frase **Mi Espíritu.***
- *Subraye **esto es lo que fue dicho por medio del profeta Joel.***

DISCUTE

- ¿Qué tipos de dones se evidenciaron cuando Pedro respondió a los judíos en Jerusalén? ¿Eran estos dones de habla o de servicio?

• ¿Cómo respondió Pedro a la acusación de que esos hombres estaban borrachos?

• Según el versículo 18, ¿qué estaba sucediendo?

• ¿Cuál es la prueba de la presencia del Espíritu Santo en este pasaje?

• ¿A quién estaba citando Pedro?

---

[17] 'Y sucederá en los últimos días,' dice Dios, 'que derramaré de Mi Espíritu sobre toda carne; y sus hijos y sus hijas profetizarán, sus jóvenes verán visiones, y sus ancianos soñarán sueños;

[18] y aun sobre Mis siervos y sobre Mis siervas derramaré de Mi Espíritu en esos días, Y profetizarán.

[19] Y mostraré prodigios arriba en el cielo y señales abajo en la tierra: sangre, fuego y columna de humo.

[20] El sol se convertirá en tinieblas y la luna en sangre, antes que venga el día grande y glorioso del Señor.

²¹ Y sucederá que todo aquel que invoque el nombre del Señor será salvo.'

• Teniendo en mente las dos categorías de dones que vimos la semana pasada, ¿en qué categoría encaja el don de Pedro: habla o servicio?

Efesios 4:8

Por tanto, dice: "Cuando ascendió a lo alto, llevó cautiva un gran número de cautivos, y dio dones a los hombres."

OBSERVA

Como recordatorio, veamos una vez más Efesios 4:8. *La* persona aquí mencionada es Jesús.

Líder: Lee Efesios 4:8 en voz alta.
• *Pide al grupo que diga en voz alta y dibuje un rectángulo alrededor de la palabra* **dones***.*

DISCUTE
• ¿Qué dio Jesús a los hombres?

• ¿Cuándo lo hizo?

OBSERVA

Joel había profetizado que un día vendría el Espíritu; y el mismo Jesús había prometido cumplir esa profecía enviando el don del Espíritu Santo a Su pueblo.

Líder: Lee Juan 16:7 y Hechos 2:33 en voz alta. Pide al grupo que diga en voz alta y...

- *Marque con una cruz los pronombres Yo, me y las inferencias verbales que se refieren a Jesús en estos versículos.*

- *Dibuje una nube alrededor de cada referencia al Espíritu Santo, incluyendo el sinónimo Consolador y el pronombre Lo.*

DISCUTE

- ¿Qué aprendiste al marcar las referencia a Jesús?

- ¿Qué aprendiste al marcar las referencias al Espíritu Santo?

Juan 16:7

Pero Yo les digo la verdad: les conviene que Yo me vaya; porque si no me voy, el Consolador (Intercesor) no vendrá a ustedes; pero si me voy, se Lo enviaré.

Hechos 2:33

Así que, exaltado a la diestra de Dios, y habiendo recibido del Padre la promesa del Espíritu Santo, ha derramado esto que ustedes ven y oyen.

Hechos 2:37-43

³⁷ Al oír esto, conmovidos profundamente, dijeron a Pedro y a los demás apóstoles: "Hermanos, ¿qué haremos?"

³⁸ Entonces Pedro les dijo: "Arrepiéntanse y sean bautizados cada uno de ustedes en el nombre de Jesucristo para perdón de sus pecados, y recibirán el don del Espíritu Santo.

³⁹ Porque la promesa es para ustedes y para sus hijos y para todos los que están lejos, para tantos como el Señor nuestro Dios llame."

⁴⁰ Y Pedro, con muchas otras palabras testificaba solemnemente y les

OBSERVA

El Espíritu Santo utilizó el sermón de Pedro para culpar a quienes estaban escuchando, de haber formado parte de la muerte de Cristo.

Líder: Lee Hechos 2:37-43 en voz alta. Pide al grupo que...
- *Marque **Espíritu Santo** con una nube.*
- *Subraye las frases **con muchas otras palabras** y **su palabra.**

DISCUTE
- ¿Qué pregunta le hicieron a Pedro los que estaban escuchando, cuando reconocieron su pecado?

- ¿Cómo respondió Pedro?

- ¿Qué acciones relacionó Pedro con el don del Espíritu Santo?

exhortaba (aconsejaba) diciendo: "Sean salvos (Escapen) de esta perversa generación."

[41] Entonces los que habían recibido su palabra fueron bautizados; y se añadieron aquel día como 3,000 almas (personas).

- La semana pasada observamos los siguientes dones: apóstoles, profetas, evangelistas, pastores y maestros. Pedro era un apóstol; ¿qué otros dones vemos en él?

[42] Y se dedicaban continuamente a las enseñanzas de los apóstoles, a la comunión, al partimiento del pan y a la oración.

- ¿Estos son dones de habla o de servicio?

[43] Sobrevino temor a toda persona; y muchos prodigios y señales (milagros) se hacían por los apóstoles.

FINALIZANDO

Inicialmente, el don del Espíritu Santo fue dado por Dios en la fiesta llamada de Pentecostés. El Espíritu Santo fue derramado sobre los discípulos de Jesús, y sus vidas fueron radicalmente transformadas. Ellos no pudieron evitarlo; fueron abrumados por el poder y la presencia del Señor. Y como resultado, proclamaron "las maravillas de Dios" (Hechos 2:11).

El primer derramamiento del Espíritu y la primera expresión de los dones que Él da se centraron en proclamar las maravillas de Dios. El enfoque del don es Dios; y es vital tener esto en mente al explorar el tema de los dones espirituales y su propósito. Un error que cometen muchos cristianos es cambiar el enfoque de los dones espirituales hacia ellos mismos. Entonces se entusiasman tanto con *su* don y con las maneras en que ellos *pueden* ejercerlo, olvidando que el don es una obra del Espíritu Santo en nuestras vidas con el propósito de dar la gloria a Dios.

¿Y tú estás utilizando tu don para glorificar a Dios? ¿Estás buscando siempre que Dios sea glorificado en tu vida y tu ministerio, o estás atrayendo la atención hacia ti mismo? Algunas veces resulta inevitable el recibir algo de reconocimiento al servir, pero siempre deberíamos buscar redirigir esa atención hacia Dios.

Toma unos minutos para examinar las maneras en que buscas hacer la diferencia en tu iglesia local o en otro lado. ¿Quién se está llevando la gloria por ello?

Los creyentes en Corinto no eran muy diferentes de los creyentes de hoy en día. Tenían muchas preguntas acerca de los dones espirituales y sobre cómo operan los dones en la iglesia. Las respuestas que Pablo les envía nos sirven como claras instrucciones para nosotros; por lo tanto, es ahí donde enfocaremos mucho de nuestro estudio de esta semana.

OBSERVA

Líder: *Lee 1 Corintios 12:1 en voz alta.*
- *Pide al grupo que diga en voz alta y dibuje un rectángulo alrededor de la palabra **dones**.*

1 Corintios 12:1

En cuanto a los dones espirituales, no quiero, hermanos, que sean ignorantes.

DISCUTE

- ¿Cuál es la preocupación de Pablo en este versículo?

OBSERVA

Líder: *Lee 1 Corintios 12:4-7 en voz alta. Pide al grupo que diga en voz alta y...*
- *Encierre en un círculo cada vez que aparezca la palabra **diversidad**.*
- *Dibuje un rectángulo alrededor de la palabra **dones**.*
- *Subraye la frase **cada uno**.*

1 Corintios 12:4-7

⁴ Ahora bien, hay diversidad de dones, pero el Espíritu es el mismo.

⁵ Hay diversidad de ministerios, pero el Señor es el mismo.

⁶ Y hay diversidad de operaciones, pero es el mismo Dios el que hace todas las cosas en todos.

⁷ Pero a cada uno se le da la manifestación del Espíritu para el bien común.

DISCUTE

• Tres veces vemos la frase *hay diversidad de*. ¿Cuáles son estas tres cosas en las cuales hay diversidad?

ACLARACIÓN

La palabra griega utilizada en este pasaje para referirse a *dones* es *járisma*, que significa "un don de gracia, una dote espiritual".

• Según el versículo 4, ¿son todos los dones iguales?

• ¿Tendrán todos los mismos dones?

• ¿Los dones son ganados o logrados, según el versículo 7? Explica tu respuesta.

- ¿Quién da los dones y con qué propósito?

- Según el versículo 5, ¿todos tendrán el mismo ministerio?

- ¿Quién da o dirige estos ministerios?

- ¿Tendrán todos los mismos resultados?

- Según el versículo 6, ¿quién es responsable por los resultados del ministerio?

- ¿Cómo cambiaría tu perspectiva del ministerio, al conocer Quién determina los resultados?

- El versículo 7 comienza con la palabra pero, la cual indica que se está haciendo un contraste. ¿Cómo se relaciona el versículo 7 con el versículo 6?

- ¿A quién se le otorga un don espiritual, según el versículo 7?

- ¿Cómo define el versículo 7 a un don espiritual?

Hechos 20:24

Pero en ninguna manera estimo mi vida como valiosa para mí mismo, a fin de poder terminar mi carrera y el ministerio que recibí del Señor Jesús, para dar testimonio solemnemente del evangelio de la gracia de Dios.

OBSERVA

En cierto punto de su ministerio, Pablo notó que el Espíritu Santo le advertía que le esperaban "cadenas y aflicciones". Veamos entonces qué lo motivó a continuar su viaje a pesar del peligro anunciado.

Líder: Lee en voz alta Hechos 20:24.
- *Pide al grupo que diga en voz alta y marque la palabra **ministerio** con una M.*

DISCUTE
- ¿De dónde dijo Pablo que provenía su ministerio?

- ¿Cuál dijo que era su ministerio?

- ¿Cómo se compara esto con lo que viste en 1 Corintios 12:5?

OBSERVA

Regresemos a 1 Corintios 12, donde Pablo continuó diciendo a los creyentes que tenían diferentes dones y diferentes ministerios; a través de los cuales había diferentes operaciones. La palabra pues en el versículo 8 deja muy en claro que lo que sigue es una explicación de los versículos precedentes (1 Corintios 12:1-7).

Líder: *Lee 1 Corintios 12:8-11 en voz alta.*
Pide al grupo que...
- *Subraye con línea doble las frases **a uno**, **a otro** y **a cada uno**.*
- *Dibuje una nube alrededor de cada referencia al **Espíritu**:*

Líder: *Lee 1 Corintios 12:8-11 de nuevo.*
- *Esta vez numera cada uno de los **dones espirituales** allí listados. Hemos numerado los dos primeros como ejemplo.*

1 Corintios 12:8-11

8 Pues a uno le es dada palabra de sabiduría (1) por el Espíritu; a otro, palabra de conocimiento (2) según el mismo Espíritu;

9 a otro, fe por el mismo Espíritu; a otro, dones de sanidad por el único Espíritu;

10 a otro, poder de milagros; a otro, profecía; a otro, discernimiento de espíritus; a otro, diversas clases de lenguas, y a otro, interpretación de lenguas.

[11] Pero todas estas cosas las hace uno y el mismo Espíritu, distribuyendo individualmente a cada uno según Su voluntad.

DISCUTE

- Haz una lista de los nueve dones mencionados en este pasaje.

- ¿Todos los creyentes reciben los mismos dones?

- ¿Qué aprendiste al marcar las referencias al Espíritu?

- Según el versículo 11, ¿cómo distribuye Él los dones?

- ¿Qué sucede cuando alguien trata de ser como otra persona en cuanto a dones y ministerio?

- ¿Se puede pedir ciertos dones específicos? Explica tu respuesta.

ACLARACIÓN

Palabra de sabiduría – una clara perspectiva de la verdadera naturaleza de las cosas, a fin de poder hacer una aplicación de la misma.

Palabra de conocimiento – una búsqueda de conocimiento, investigación, una indagación de la revelación y verdad de Dios; comunicación de ese conocimiento.

Fe – una inusual medida de confianza en Dios. No se trata de la fe que todos deben tener para la salvación; ésta es la fe que mueve montañas, fe que cree en Dios, que confía en Dios cuando otros no lo hacen.

Dones de sanidad – habilidad para restaurar la salud.

Poder de milagros – actos sobrenaturales que solo pueden ser explicados como provenientes de Dios.

Profecía – habilidad para hablar un mensaje de la Palabra de Dios que edifica, exhorta y/o conforta el cuerpo.

Discernimiento de espíritus – la habilidad sobrenatural de distinguir entre la verdad y error y/o distinguir entre la gente de Dios y del diablo.

Clases de lenguas – habilidad sobrenatural para hablar un idioma conocido que no haya sido aprendido.

Interpretación de lenguas – una habilidad sobrenatural para traducir un idioma conocido que no haya sido aprendido.

1 Corintios 12:28-31

²⁸ Y en la iglesia, Dios ha designado primeramente, apóstoles; en segundo lugar, profetas; en tercer lugar, maestros; luego, milagros; después, dones de sanidad, ayudas, administraciones, diversas clases de lenguas.

²⁹ ¿Acaso son todos apóstoles? ¿Acaso son todos profetas? ¿Acaso son todos maestros? ¿Acaso son todos obradores de milagros?

³⁰ ¿Acaso tienen todos dones de sanidad? ¿Acaso hablan todos en lenguas? ¿Acaso interpretan todos?

³¹ Pero deseen ardientemente los mejores dones. Y aun yo les muestro un camino más excelente.

OBSERVA

Líder: Lee 1 Corintios 12:28-31 en voz alta.

- *Pide al grupo que diga en voz alta y marque cada vez que aparezca la palabra **todos** con una **T**.*

DISCUTE

- Haz una lista de lo que Dios ha dispuesto en la iglesia.

- ¿Cómo responderías ante alguien que está enseñando que todos debemos tener los mismos dones o que un don en particular debe estar presente en la vida de alguien como una señal de verdadera fe?

- Según lo que has visto, ¿quién es responsable de asignar los dones espirituales?

- ¿El versículo 31 contradice en alguna manera lo que Pablo había venido enseñando hasta este punto? Explica tu respuesta.

- ¿Qué has aprendido en esta semana acerca de los dones espirituales?

- Al considerar los dones que viste descritos en esta lección, ¿crees que alguno de ellos se encuentra presente en tu propia vida? Explica qué evidencia te lleva a tal conclusión.

FINALIZANDO

Las implicaciones del estudio de esta semana son verdaderamente muy aclaradoras. El Espíritu Santo otorga los dones según Su voluntad. Nosotros no somos responsables de merecerlos, ni somos invitados a escoger nuestro don favorito. No hay ninguna necesidad de preocuparnos si tenemos el don apropiado o el mejor de todos. El Espíritu Santo en Su sola soberanía nos asignará nuestro don o dones a Su discreción, para que cada uno de nosotros podamos cumplir con el singular propósito de Dios para nuestras vidas.

El Señor Jesucristo nos da ministerios según Su voluntad. Nosotros no somos responsables de encontrarlos por nosotros mismos y/o esperar tener el apropiado o el mejor. Es completamente responsabilidad de Él. Nosotros recibimos nuestro ministerio asignado a Su discreción; no logramos un ministerio por nuestro propio trabajo o habilidad.

El Señor asigna cada ministerio, y nosotros lo recibimos de Su mano ¡Y no somos quienes proporcionan los resultados! Es Dios quien cumple Su propósito a través de nosotros y determina el resultado de nuestros esfuerzos en el ministerio.

El Dios Creador no nos necesita en lo absoluto, pero en Su gracia y misericordia Él elige utilizarnos para cumplir con el ministerio en Su iglesia. En cierto sentido Él nos permite volvernos colaboradores de Él a través de nuestros dones y ministerios en este mundo. ¡Qué maravillosa gracia!

No debemos buscar los dones "mejores"; debemos buscar al Dador de los dones.

No debemos buscar los mejores ministerios; buscamos al Ministro de los ministerios, nuestro Señor Jesucristo.

No debemos ni siquiera buscar grandes resultados; debemos buscar dar gloria a Aquel que provee esos resultados.

Busca fervientemente a Dios. Él te mostrará tu don, tu lugar de servicio, e incluso proveerá los resultados. Así que busca tu gozo en Dios; y Él cumplirá el resto.

Mucha gente se sorprende cuando descubre que los dones espirituales – un fenómeno claramente del Nuevo Testamento, que manifiesta la presencia del Espíritu Santo – solamente se discuten en tan solo cuatro pasajes de la Biblia. En esta semana veremos la enseñanza de Pablo acerca de los dones en esta carta dirigida a la iglesia en Roma.

OBSERVA

La carta de Pablo a los romanos está dividida en dos secciones: los capítulos 1-11 nos dicen lo que Dios ha hecho para darnos la salvación, y los capítulos 12-16 nos muestran cómo debemos vivir una vez que hemos experimentado la salvación. Veamos los dos primeros versículos del capítulo 12, que nos proveen de la transición para ir de los pasajes doctrinales a la sección sobre la vida práctica.

Líder: Lee Romanos 12:1-2 en voz alta.

- *Pide al grupo que diga en voz alta y encierre en un círculo cada vez que aparezcan las palabras **hermanos, sus, su** y **ustedes**.*

DISCUTE

- ¿A quién estaba hablando Pablo?

Romanos 12:1-2

[1] Por tanto, hermanos, les ruego por las misericordias de Dios que presenten sus cuerpos como sacrificio vivo y santo, aceptable (agradable) a Dios, que es el culto racional de ustedes.

[2] Y no se adapten (no se conformen) a este mundo, sino transfórmense mediante la renovación de su mente, para que verifiquen cuál es la voluntad de Dios: lo que es bueno y aceptable (agradable) y perfecto.

- ¿Qué deben hacer los creyentes?

- ¿Cómo debemos hacer eso, y cuál es nuestra motivación?

- En el versículo 2 la voluntad de Dios es descrita como "buena, agradable y perfecta". ¿Qué dijo Pablo que se requiere para discernir, o estar seguro de la voluntad de Dios?

- ¿Cómo podría relacionarse esto con los dones espirituales?

Romanos 12:3-8

³ Porque en virtud de la gracia que me ha sido dada, digo a cada uno de ustedes que no piense de sí mismo más de lo que debe pensar, sino que piense con buen juicio, según la medida de fe que Dios ha distribuido a cada uno.

⁴ Pues así como en un cuerpo tenemos muchos

OBSERVA

Líder: Lee Romanos 12:3-8 en voz alta. Pide al grupo que...
- *Dibuje un rectángulo alrededor de las palabras **dones** y **dada**.*
- *Numere cada **don** mencionado en el texto.*

DISCUTE

- ¿Tienen todos los creyentes los mismos dones?

ACLARACIÓN

Servicio – atender, servir, ayudar, ministrar

Enseñanza – instruir, enseñar la verdad de la Palabra de manera clara y entendible

Exhortación – la habilidad dada por Dios de animar, motivar, dar fuerza y seguridad, confortar y ofrecer esperanza

Dar – compartir; impartir

Liderazgo – la habilidad dada por Dios de llamar y liderar a otros para que sigan al Señor.

Misericordia – demostrar compasión; sentir simpatía con la miseria de otro, especialmente una simpatía manifestada en acción; extender ayuda

• ¿Qué dicen los versículos 6-8 acerca de los dones espirituales y sobre cómo deben ser utilizados?

miembros, pero no todos los miembros tienen la misma función,

5 así nosotros, que somos muchos, somos un cuerpo en Cristo e individualmente miembros los unos de los otros.

6 Pero teniendo diferentes dones, según la gracia que nos ha sido dada, usémoslos: si el de profecía, úsese en proporción a la fe;

7 si el de servicio, en servir; o el que enseña, en la enseñanza;

8 el que exhorta, en la exhortación; el que da, con liberalidad (con sencillez); el que dirige (presta ayuda), con diligencia; el que muestra misericordia, con alegría.

- ¿Es suficiente con saber cuáles son tus dones? Explica tu respuesta.

- Si tu ministerio está regido por tus dones, y Dios dirige el área de servicio, ¿deberías sentir algo de orgullo por tu ministerio o tus dones? Explica tu respuesta.

- ¿El identificar tus dones espirituales, cómo te capacitaría para servir más efectivamente a tu iglesia?

- ¿Crees que tienes alguno de los dones mencionados en este pasaje? Si es así, ¿cuál y por qué?

- ¿Has intentado servir fuera del área de desempeño según tu don? Si fue así, ¿qué sucedió? Comparte tu historia con el grupo.

- Antes de dejar Romanos 12, debemos preguntar… ¿te has sometido al Señor presentándote a ti mismo como sacrificio vivo?

OBSERVA

Este pasaje ya lo estudiamos en una lección anterior; sin embargo, revisémoslo una vez más para ver qué dones específicos resultan evidentes.

Líder: Lee en voz alta Hechos 6:1-6. Pide al grupo que…

- *Marque **servir** y **servicio** con una **S**.*
- *Dibuja una línea ondulada bajo las frases **palabra de Dios** y **ministerio de la palabra**, así:* ∼∼∼∼

DISCUTE

- Hemos visto que los dones pueden ser divididos en dos categorías generales: habla y servicio. ¿Cómo ves mostradas estas categorías en este pasaje?

Hechos 6:1-6

[1] Por aquellos días, al multiplicarse el número de los discípulos, surgió una queja de parte de los Judíos Helenistas en contra de los Judíos nativos, porque sus viudas eran desatendidas en la distribución diaria de los alimentos.

[2] Entonces los doce (apóstoles) convocaron a la congregación (multitud) de los discípulos, y dijeron: "No es conveniente que nosotros descuidemos la palabra de Dios para servir mesas.

[3] Por tanto, hermanos, escojan de entre ustedes

siete hombres de buena reputación, llenos del Espíritu Santo y de sabiduría, a quienes podamos encargar esta tarea.

⁴ Y nosotros nos entregaremos a la oración y al ministerio (al servicio) de la palabra."

⁵ Lo propuesto tuvo la aprobación de toda la congregación, y escogieron a Esteban, un hombre lleno de fe y del Espíritu Santo, y a Felipe, a Prócoro, a Nicanor, a Timón, a Parmenas y a Nicolás, un prosélito (Gentil convertido al Judaísmo) de Antioquía.

⁶ A éstos los presentaron ante los apóstoles, y después de orar, pusieron sus manos sobre ellos.

• ¿Qué dones parecen evidentes en este pasaje?

OBSERVA

Dediquemos el resto de nuestro tiempo de esta semana viendo un ejemplo de la Escritura, referente a uno de estos dones en acción.

Líder: Lee Hechos 4:36-37 en voz alta.
  - *Pide al grupo que diga en voz alta y marque cada referencia a **Bernabé**, incluyendo el nombre **José** y el pronombre **quien**, con una **B.***

DISCUTE
  - ¿Cuál era el significado del apodo que los apóstoles dieron a José?

  - ¿Qué don o dones espirituales piensas que tenía Bernabé? Explica tu respuesta.

Hechos 4:36-37

36 Y José, un Levita natural de Chipre, a quien también los apóstoles llamaban Bernabé, que traducido significa Hijo de Consolación,

37 poseía un campo y lo vendió, trajo el dinero y lo depositó a los pies de los apóstoles.

Hechos 9:22, 26-28

²² Pero Saulo seguía fortaleciéndose y confundiendo a los Judíos que habitaban en Damasco, demostrando que este Jesús es el Cristo (el Mesías).

²⁶ Cuando Saulo llegó a Jerusalén, trataba de juntarse con los discípulos; pero todos le temían, no creyendo que era discípulo.

²⁷ Pero Bernabé lo tomó y lo presentó a los apóstoles, y les contó cómo Saulo había visto al Señor en el camino, y que El le había hablado, y cómo en Damasco había hablado con valor en el nombre de Jesús.

OBSERVA

El hombre llamado Saulo en este pasaje más adelante fue conocido por su nombre griego, Pablo, el apóstol.

Líder: Lee Hechos 9:22; 26-28 en voz alta.
- *Haz que el grupo diga y marque **Bernabé** con una **B**.*
- *Pide al grupo que diga en voz alta y marque **Bernabé** con una **B**.*

DISCUTE

- Discute cómo ejerció Bernabé el don de exhortación en este pasaje (Si es necesario, regresa a la página 39 para recordar lo que significa exhortar).

- ¿Cómo influyeron Bernabé y sus dones en la vida y ministerio de Pablo?

[28] Y estaba con ellos moviéndose libremente en Jerusalén, hablando con valor en el nombre del Señor.

Hechos 15:36-39

OBSERVA

Líder: Lee Hechos 15:36-39 en voz alta.
- *Pide al grupo que diga en voz alta y marque **Bernabé** con una **B**.*

DISCUTE

- ¿Cómo ejerció Bernabé el don de exhortación en este pasaje?

[36] Después de algunos días Pablo dijo a Bernabé: "Volvamos y visitemos a los hermanos en todas las ciudades donde hemos proclamado la palabra del Señor, para ver cómo están."

[37] Bernabé quería llevar también con ellos a Juan, llamado Marcos,

- ¿Qué diferencia imaginas que pudo haber hecho la motivación de Bernabé en la vida de Marcos?

[38] pero Pablo consideraba que no debían llevar consigo a quien los había desertado en Panfilia y no los había acompañado en la obra.

[39] Se produjo un desacuerdo tan grande que se separaron el uno del otro. Bernabé tomó consigo a Marcos y se embarcó rumbo a Chipre,

- ¿Cómo has visto este don en acción, en alguien de tu iglesia o ministerio? Comparte un ejemplo con el grupo.

FINALIZANDO

No es coincidencia que en la carta de Pablo a los romanos la discusión de los dones espirituales siga al llamado a presentar nuestros cuerpos como sacrificio vivo. Ese acto de entrega provee la base del entendimiento de la buena agradable y perfecta voluntad de Dios y de cómo debemos manejar nuestros dones y propósito en el cuerpo de Cristo. A menos que estemos totalmente rendidos a la voluntad de Dios, nunca seremos efectivos en el trabajo que Él ha planeado para nosotros.

¿Te estás preguntando cómo te ha dotado Dios para el ministerio en el cuerpo de Cristo? El primer paso es la rendición total a Su voluntad y la muerte a la tuya. Normalmente, Dios revela Su voluntad cuando ya nos hemos comprometido a obedecerla. Cuando le dices al Señor: "Lo que sea que me hayas llamado a ser o hacer, que Tu voluntad se haga en mi vida", es ahí, en el momento de esa rendición, que Él se mueve para revelar Su don en ti, y Su ministerio a través tuyo.

Cuando has rendido tu vida como "culto racional" (Romanos 12:1), no te desvías del camino por las opiniones ni las críticas de los demás. Bernabé sirve como un poderoso ejemplo de la fiel perseverancia frente a la oposición. Cuando los otros creyentes se rehusaron a recibir a Pablo después que él declaró su fe en Jesús, Bernabé se unió a él y estuvo con Pablo en contra de la opinión popular. Tiempo después, cuando Pablo se molestó con Juan Marcos y quería dejarlo atrás, Bernabé estuvo con el joven discípulo en contra de su viejo amigo Pablo. Es muy evidente que Bernabé ejerció su don y se rindió a Dios, sin dejarse influenciar por los demás.

¿Y qué de ti amigo? ¿Estás buscando ejercer tu don espiritual a tu manera y en tu tiempo? De ser así, nunca serás efectivo. El primer paso es aceptar la voluntad de Dios para tu vida, y luego caminar en el don y el ministerio que Él te revele. Solo entonces verás venir los resultados directamente de Él.

¿Ya has presentado tu cuerpo como sacrificio vivo?

¿Cómo es posible que gente con diferentes personalidades, orígenes y dones puedan adorar juntos? ¿Cómo pueden ministrar juntos? ¿Cómo es posible que personas de todo tipo de vida y de varios orígenes socioeconómicos puedan encajar juntos de manera que parezca lo más natural, e incluso normal? La respuesta se encuentra en la manera diseñada por Dios para que opere el cuerpo de Cristo, la iglesia.

Esta semana veremos uno de los más maravillosos aspectos de la función de los dones espirituales.

OBSERVA

En la semana 3 vimos la primera parte de 1 Corintios 12 y aprendimos acerca de la variedad de dones, ministerios y operaciones que Dios da a cada creyente "según Su voluntad" (versículo 11). Veamos ahora la explicación de Pablo del diseño divino operando a través de esta variedad.

Líder: Lee 1 Corintios 12:12-13 en voz alta. Pide al grupo que diga en voz alta y...

- *Dibuje una figura simple cada vez que aparezca la palabra **cuerpo**, de esta manera:*

  ♀
  ⵊ

- *Encierre cada referencia a **miembros**, incluyendo los pronombres.*

1 Corintios 12:12-13

[12] Porque así como el cuerpo es uno, y tiene muchos miembros, pero, todos los miembros del cuerpo, aunque son muchos, constituyen un solo cuerpo, así también es Cristo.

[13] Pues por un mismo Espíritu todos fuimos bautizados en un solo cuerpo, ya Judíos o Griegos, ya esclavos o libres. A todos se nos dio a beber del mismo Espíritu.

DISCUTE

- Discute lo que aprendes al marcar *cuerpo*.

- ¿De qué maneras los creyentes son parte de un cuerpo, según lo que leíste aquí?

ACLARACIÓN

El bautismo del Espíritu mencionado en 1 Corintios 12:13 es experimentado por todos los que creen al momento de la salvación (Romanos 8:9-11). Este bautismo nos identifica con Cristo. Ahora, sin importar nuestra nacionalidad (judíos o griegos) o posición en la vida (esclavo o libre), todos somos parte de un cuerpo y hemos sido llenos del Espíritu Santo.

- ¿Cómo se relaciona esto con lo que has visto en relación con los creyentes y los dones espirituales?

OBSERVA

Líder: Lee 1 Corintios 12:14-18 en voz alta. Pide al grupo que...

- *Dibuje una sencilla figura sobre cada referencia a la palabra **cuerpo**.*
- *Encierre en un círculo las palabras **miembros** y **muchos**.*

DISCUTE

- ¿Qué aprendiste sobre el cuerpo?

- ¿Qué aprendiste acerca de la función de cada miembro?

- ¿Cuán importante es cada miembro del cuerpo?

- ¿Quién puso los miembros en el cuerpo? ¿Qué determinó su posición?

1 Corintios 12:14-18

14 Porque el cuerpo no es un solo miembro, sino muchos.

15 Si el pie dijera: "Porque no soy mano, no soy parte del cuerpo," no por eso deja de ser parte del cuerpo.

16 Y si el oído dijera: "Porque no soy ojo, no soy parte del cuerpo," no por eso deja de ser parte del cuerpo.

17 Si todo el cuerpo fuera ojo, ¿qué sería del oído? Si todo fuera oído, ¿qué sería del olfato?

18 Ahora bien, Dios ha colocado a cada uno de los miembros en el cuerpo según Le agradó.

- ¿Debería un creyente pensar que él o su don es inferior a otros? ¿Por qué sí o por qué no?

- ¿Debería desear el don de otro miembro o desear tener otro don? Explica tu respuesta.

1 Corintios 12:19-24a

¹⁹ Y si todos fueran un solo miembro, ¿qué sería del cuerpo?

²⁰ Sin embargo, hay muchos miembros, pero un solo cuerpo.

²¹ Y el ojo no puede decirle a la mano: "No te necesito;" ni tampoco la cabeza a los pies: "No los necesito."

²² Por el contrario, la verdad es que los miembros del cuerpo que parecen ser los más

OBSERVA

Líder: Lee 1 Corintios 12:19-24a en voz alta. Pide al grupo que...
- *Encierre en un círculo cada referencia a* ***miembro(s)***.
- *Dibuje una figura simple sobre cada referencia a* ***cuerpo***.

DISCUTE

- ¿Qué aprendiste acerca de los miembros del cuerpo?

- ¿Algún miembro en particular es más importante que otro? Explica tu respuesta.

- Discute la relación que tiene cada miembro con los demás. ¿Se encuentran compitiendo unos con otros?

- Piensa en el cuerpo humano. ¿Qué le sucede al cuerpo cuando sus miembros trabajan juntos? ¿Y cuándo trabajan independientemente?

- ¿Cómo se relaciona esto con la iglesia?

- ¿Puede una sola mano constituir un cuerpo entero? ¿Has intentado oler con tus oídos? Discute cómo se manifiesta el diseño de Dios en el uso de las partes del cuerpo.

- ¿Tu don espiritual cambia cuando surge la necesidad? ¿Qué sugiere tu respuesta acerca de la intención de Dios para con el cuerpo de Cristo?

- Según lo que has visto, ¿los dones de habla son más importantes que los dones de servicio?

- ¿Qué nos revelan los versículos 22-24 acerca de cómo quiere Dios que nosotros veamos a los miembros "débiles"?

débiles, son los más necesarios;

[23] y las partes del cuerpo que estimamos menos honrosas, a éstas las vestimos con más honra. Así que las partes que consideramos más íntimas, reciben un trato más honroso,

[24] ya que nuestras partes presentables no lo necesitan.

1 Corintios 12:24b-27

²⁴ Pero así formó Dios el cuerpo, dando mayor honra a la parte que carecía de ella,

²⁵ a fin de que en el cuerpo no haya división, sino que los miembros tengan el mismo cuidado unos por otros.

²⁶ Si un miembro sufre, todos los miembros sufren con él; y si un miembro es honrado, todos los miembros se regocijan con él.

²⁷ Ahora bien, ustedes son el cuerpo de Cristo, y cada uno individualmente un miembro de él.

OBSERVA

Líder: Lee 1 Corintios 12:24b-27 en voz alta. Pide al grupo que diga en voz alta y...

- *Dibuje una sencilla figura sobre cada referencia al **cuerpo**.*
- *Encierre en un círculo cada referencia a **miembro(s)**.*

DISCUTE

- ¿Qué identifican los versículos 24-25 como un problema que Dios desea que evitemos?

- ¿Cómo deben relacionarse los miembros unos con otros?

- ¿Qué aprendemos acerca de los creyentes en el versículo 27?

OBSERVA

Líder: Lee 1 Corintios 12:29-30.

- *Pide al grupo que diga en voz alta y marque cada referencia a la palabra **todos** con una **T**.*

DISCUTE

- ¿Tienen todos los mismos dones?

- ¿Todos los miembros tienen todos los dones?

1 Corintios 12:29-30

[29] ¿Acaso son todos apóstoles? ¿Acaso son todos profetas? ¿Acaso son todos maestros? ¿Acaso son todos obradores de milagros?

[30] ¿Acaso tienen todos dones de sanidad? ¿Acaso hablan todos en lenguas? ¿Acaso interpretan todos?

Romanos 12:3-6

[3] Porque en virtud de la gracia que me ha sido dada, digo a cada uno de ustedes que no piense de sí mismo más de lo que debe pensar, sino que piense con buen juicio, según la medida de fe que Dios ha distribuido a cada uno.

[4] Pues así como en un cuerpo tenemos muchos miembros, pero no todos los miembros tienen la misma función,

[5] así nosotros, que somos muchos, somos un cuerpo en Cristo e individualmente miembros los unos de los otros.

[6] Pero teniendo diferentes dones, según

OBSERVA

Como ya hemos visto, en su carta a los creyentes de las iglesias locales en Roma, Pablo hizo una clara conexión entre nuestra rendición a Dios y el cómo ejercemos nuestros dones espirituales. Veamos de nuevo ese pasaje para ver cómo impacta nuestra rendición a nuestra interacción con los demás.

Líder: Lee Romanos 12:3-6 en voz alta. Pide al grupo que...

- *Encierre en un círculo cada referencia a* **miembros***.*
- *Dibuje una figura simple sobre cada referencia a la palabra* **cuerpo***.*

DISCUTE

- ¿Cómo se relaciona el mensaje en el versículo 3 con lo que Pablo dice en los versículos 4-6?

- ¿Qué aprendiste al marcar *miembros*?

- ¿Cómo deben ver los miembros su rol dentro del cuerpo?

- El versículo 6 declara lo que ya hemos visto: cada creyente tiene un don diferente. ¿Conoces tu don espiritual? Explica tu respuesta.

- ¿Cómo debes utilizarlo en el cuerpo? ¿En otras palabras, cuál es tu área de servicio?

- ¿Cómo estás utilizando tu don para beneficiar al cuerpo?

OBSERVA

Veamos un pasaje en el que Pablo describe lo que sucede cuando miembros del cuerpo, con diferentes dones, funcionan como es debido, equipando a los santos y sirviendo al Señor y a los demás.

Líder: Lee Efesios 4:14-16 en voz alta. Pide al grupo que diga en voz alta y...
- *Marque cada referencia a **Cristo**, incluyendo los pronombres, con una cruz:* ✝
- *Dibuje una figura simple sobre cada referencia a la palabra **cuerpo**.*

Efesios 4:14-16

la gracia que nos ha sido dada, usémoslos: si el de profecía, úsese en proporción a la fe;

[14] Entonces ya no seremos niños, sacudidos por las olas y llevados de aquí para allá por todo viento de doctrina, por la astucia de los hombres, por las artimañas engañosas del error.

[15] Más bien, al hablar la verdad en amor,

creceremos en todos los aspectos en Aquél que es la cabeza, es decir, Cristo,

[16] de quien todo el cuerpo, estando bien ajustado y unido por la cohesión que las coyunturas proveen, conforme al funcionamiento adecuado de cada miembro, produce el crecimiento del cuerpo para su propia edificación en amor.

DISCUTE

- ¿Qué aprendiste al marcar *cuerpo*?

- ¿Qué causa el crecimiento – un aumento en la fuerza y la salud – del cuerpo de Cristo?

- ¿Qué quiere decir Pablo con el término "creceremos" en el versículo 15?

- ¿Podría una mano beneficiar al resto del cuerpo si es amputada?

- ¿Cómo se relaciona esto con la necesidad de cada creyente de participar en la vida de la iglesia?

- Discute cómo las partes ocultas en tu cuerpo físico afectan la función de las partes más evidentes, como tus pies y manos. ¿Qué sugiere esto acerca de los que trabajan detrás de escena en la vida de la iglesia?

- ¿Cómo sería impactada tu iglesia si los creyentes supieran cuáles son sus dones y los utilizaran para equipar el cuerpo, para servir a Dios y los demás?

- ¿Estás conectado al cuerpo de Cristo a través de una participación activa en tu iglesia local? Si no es así – si estás separado del cuerpo - ¿cuál es el efecto en ti, basándote en lo que has leído hasta aquí? ¿Cuál es el efecto en la iglesia?

- Si estás conectado con una iglesia local, ¿de qué maneras estás contribuyendo a la salud y crecimiento del cuerpo?

- ¿De qué maneras adicionales sientes que Dios te está dirigiendo a usar tus dones para edificar Su iglesia en amor?

FINALIZANDO

Para que la iglesia sea sana, con un cuerpo fuerte, primero debemos darnos cuenta de que *nos necesitamos unos a otros*. Jamás existirá un Llanero Solitario cristiano con una vida espiritual vibrante. Dios nos diseñó para funcionar mejor cuando trabajamos juntos. Sin embargo, demasiado a menudo la gente se concentra tanto en su pequeña parte de ministerio, y está tan convencida de su suprema importancia, que descuida o incluso critica a quienes tienen diferentes dones o ministerios. Otros deciden que la iglesia no necesita su "pequeña" contribución, así que declinan su participación. Pero en verdad, *todos* nosotros – todos nuestros dones espirituales, todos nuestros ministerios, todos los resultados que Dios trae a través de nosotros – son necesarios para que el cuerpo esté completo y saludable.

Una segunda señal de una iglesia saludable es que *nos respetamos los unos a los otros*. Las partes escondidas de nuestro cuerpo – los tendones y ligamentos, los órganos y venas – son absolutamente vitales para nuestra habilidad de pensar y respirar y movernos. Así también es con la iglesia, todos los miembros contribuyen de manera vital al trabajo de Dios, incluso cuando los resultados puedan no ser tan evidentes. Todo servicio es igual para con Dios. Cuando nos concentramos en enfocarnos en nuestra propia importancia – o nos preocupamos acerca de nuestra falta de significado – en la iglesia, dejamos de traer gloria a Dios y fortaleza al cuerpo.

Tercero, para que una iglesia prospere resulta vital que *simpaticemos los unos con los otros*. Si una parte del cuerpo es afectada, inevitablemente todas las demás sufrirán también. La iglesia es un todo. La persona que no puede ver más allá de su organización, la persona que no puede ver más allá de su congregación – peor todavía, la persona que no puede ver más allá de su propio círculo familiar –ni siquiera ha comenzado a entender la bendición que viene a través de la genuina unidad de la iglesia.

¿Estás en posición de ser efectivo y funcionar dentro del cuerpo como Dios lo desea? Si no es así, te animamos a que encuentres una iglesia local y le pidas a Dios que te muestre cómo ejercitar tus dones espirituales para edificar el cuerpo en amor.

¡Como cristiano tú tienes un don espiritual! Pero... ¿has permitido que esa verdad invada tu corazón? Sí... tú, en este punto de tu estudio ya debes de saber que tienes un don espiritual. Tú no lo escogiste – pues eso es responsabilidad del Espíritu Santo – pero de seguro lo tienes. Y el Dios que creó los cielos y la tierra decidió hacer que Su Espíritu more en tu vida.

Él no nos necesita, pero ha escogido darnos dones para que cumplamos la obra de Su reino. En cierto sentido, nos permite que colaboremos con Él cuando operamos en el área de nuestro don. Esta tremenda verdad debería motivarte a adorar a Dios con un ardiente corazón, a darle las gracias y servirlo a través del servicio de Su esposa, la iglesia.

En esta última lección veremos algunos ejemplos de los dones espirituales en acción, en la vida de los creyentes del Nuevo Testamento. No siempre será tan evidente determinar exactamente cuáles son los dones, pero de seguro veremos el gran impacto que se produce como resultado de rendirse a Dios.

OBSERVA

Debido a la persecución, los creyentes de la iglesia primitiva habían sido esparcidos; sin embargo, a medida que ellos se movían, la Palabra de Dios también se expandía con ellos. Entre estos judíos esparcidos estaba Felipe, un apóstol que fue hacia los samaritanos; un grupo de personas que incluía tanto a judíos como gentiles. Hasta este punto los apóstoles no habían ido antes a Samaria.

Hechos 8:4-5, 12; 21:8

[4] Así que los que habían sido esparcidos iban predicando (anunciando las buenas nuevas de) la palabra.

[5] Felipe, descendiendo a la ciudad de Samaria, les predicaba a Cristo (el Mesías).

¹² Pero cuando creyeron a Felipe, que anunciaba las buenas nuevas (el evangelio) del reino de Dios y el nombre de Cristo Jesús, se bautizaban, tanto hombres como mujeres.

²¹:⁸ Al día siguiente partimos y llegamos a Cesarea, y entrando en la casa de Felipe, el evangelista, que era uno de los siete (diáconos), nos quedamos con él.

Líder: Lee Hechos 8:4-5, 12 y 21:8 en voz alta.

- *Pide al grupo que diga en voz alta y marque cada referencia a **Felipe**, incluyendo sus pronombres, con una **F**.*

DISCUTE

- ¿Qué aprendiste al marcar las referencias a Felipe?

ACLARACIÓN

La palabra griega traducida en Hechos 8:4 como *predicando* significa "predicar el evangelio, evangelizar".

- En lecciones anteriores aprendimos que Dios da los ministerios en relación a los dones. Con esto en mente, ¿cuál identificarías como el don(es) espiritual(es) de Felipe?

- ¿Qué nos revela la historia de Felipe con respecto a cómo ayudó su(s) don(es) a la iglesia?

OBSERVA

Como hemos visto, todo creyente recibe dones del Espíritu Santo. Así que veamos algunos de los creyentes menos prominentes en la iglesia primitiva para descubrir cómo utilizaron sus dones.

Líder: Lee en voz alta Hechos 18:24-28. Pide al grupo que...

- *Encierre en un círculo cada referencia a **Apolos**, incluyendo sus pronombres y la palabra **hombre**.*
- *Subraye la frase __le explicaron con mayor exactitud el camino de Dios.__*

DISCUTE

- ¿Qué aprendiste de Apolos en este pasaje?

- ¿Qué don(es) parece tener?

- ¿Quién le *explicó con mayor exactitud el camino de Dios*?

- ¿Qué dones espirituales pudieron haber equipado a Priscila y Aquila para explicar las Escrituras con exactitud?

Hechos 18:24-28

[24] Llegó entonces a Efeso un Judío que se llamaba Apolos, natural de Alejandría, hombre elocuente, y que era poderoso en las Escrituras.

[25] Este había sido instruido en el camino del Señor, y siendo ferviente de espíritu, hablaba y enseñaba con exactitud las cosas referentes a Jesús, aunque sólo conocía el bautismo de Juan.

[26] Y comenzó a hablar abiertamente en la sinagoga. Pero cuando Priscila y Aquila lo oyeron, lo llevaron aparte y le explicaron con mayor exactitud el camino de Dios.

[27] Cuando Apolos quiso pasar a Acaya, los hermanos lo animaron, y escribieron a los discípulos que lo recibieran. Cuando llegó, ayudó mucho a los que por la gracia habían creído,

[28] porque refutaba vigorosamente en público a los Judíos, demostrando por las Escrituras que Jesús era el Cristo (el Mesías).

• ¿Consideras que tú podrías tener el don de enseñanza? Si es así, explica por qué crees que éste es tu don.

• Si no estás seguro, plantéate las siguientes preguntas:

¿Me siento atraído y apasionado por estudiar las Escrituras?

Cuando me dan la oportunidad de enseñar, ¿me siento cómodo haciéndolo?

¿Siento que mi enseñanza afecta positivamente a los demás?

¿Qué dicen los demás, no tan solo mis amigos, acerca de mi enseñanza?

OBSERVA

La iglesia primitiva estaba unida no solo espiritual sino también materialmente. Ellos consideraban todas las cosas como de propiedad común. Debido a su generosidad, entre ellos no había ninguna persona con necesidad. Sin embargo, en la iglesia una pareja quiso aparentar ser generosos, en lugar de dar verdaderamente de corazón. Veamos qué sucedió.

Líder: Lee Hechos 5:1-6 en voz alta. Pide al grupo que...
- *Marque cada referencia a **Pedro** con una **P**.*
- *Dibuje una nube como ésta alrededor del **Espíritu Santo**.*

DISCUTE

- ¿Qué don espiritual pudo haber estado ejerciendo Pedro al reconocer el engaño de Ananías? (Puedes volver a revisar la lista de la página 39 si necesitas ayuda).

Hechos 5:1-6

[1] Pero cierto hombre llamado Ananías, con Safira su mujer, vendió una propiedad,

[2] y se quedó con parte del precio, sabiéndolo también su mujer; y trayendo la otra parte, la puso a los pies de los apóstoles.

[3] Pero Pedro dijo: "Ananías, ¿por qué ha llenado Satanás tu corazón para mentir al Espíritu Santo, y quedarte con parte del precio del terreno?

[4] Mientras estaba sin venderse, ¿no te pertenecía? Y después de vendida, ¿no estaba bajo tu poder? ¿Por qué concebiste (pusiste) este

asunto en tu corazón? No has mentido a los hombres sino a Dios."

[5] Al oír Ananías estas palabras, cayó y expiró; y vino un gran temor sobre todos los que lo supieron.

[6] Entonces los jóvenes se levantaron y lo cubrieron, y sacándolo, le dieron sepultura.

• Según el versículo 5, ¿qué efecto tuvo este incidente en la iglesia?

• Discute por qué el ejercicio de este don resulta vital para el cuerpo de Cristo.

OBSERVA

El siguiente pasaje describe el comienzo del primer viaje misionero de Pablo (el nombre Saulo más adelante sería cambiado por Pablo). Es muy interesante ver cómo era descrita la iglesia, y cómo entendieron el llamado de Pablo.

Notarás que en la Escritura a veces es difícil ver si un pasaje se refiere a dones o ministerios, o ambos; y éste es uno de esos pasajes.

Líder: Lee Hechos 13:1-5 en voz alta. Pide al grupo que diga en voz alta y...

- *Dibuje un rectángulo alrededor de cada uno de los **dones** mencionados.*
- *Dibuje una nube alrededor de cada mención del **Espíritu Santo**, incluyendo pronombres.*

DISCUTE

- Según el versículo 1, ¿a través de qué institución estaba trabajando el Espíritu Santo?

Hechos 13:1-5

[1] En la iglesia que estaba en Antioquía había profetas y maestros: Bernabé, Simón llamado Niger, Lucio de Cirene, Manaén, que se había criado con Herodes (Antipas, hijo de Herodes el Grande) el tetrarca, y Saulo.

[2] Mientras ministraban al Señor y ayunaban, el Espíritu Santo dijo: "Aparten a Bernabé y a Saulo para la obra a la que los he llamado."

[3] Entonces, después de ayunar, orar y haber impuesto las manos sobre ellos, los enviaron.

⁴ Ellos, pues, enviados por el Espíritu Santo, descendieron a Seleucia y de allí se embarcaron para Chipre.

⁵ Al llegar a Salamina, proclamaban la palabra de Dios en las sinagogas de los Judíos; y tenían también a Juan de ayudante.

• ¿Qué dones o ministerios ves mencionados en estos pasajes?

• ¿Qué aprendiste al marcar las referencias al Espíritu Santo?

ACLARACIÓN

La acción descrita con la frase *haber impuesto las manos sobre* ellos identificó a la iglesia con el ministerio de estos hombres, y reconoció la dirección de Dios para ellos.

• ¿Cómo se relaciona esto con lo que has aprendido sobre los dones espirituales?

• ¿Quién está dando el ministerio en este pasaje?

- ¿Por qué crees que Bernabé y Saulo tenían a Juan con ellos como ayudante? Discute lo que pudieron haber visto en su vida que los motivara a llevarlo con ellos.

- Una manera de identificar tu(s) don(es) espiritual(es) es preguntándole a los demás. Muy a menudo, otros pueden ver tus dones antes que tú. ¿Qué tipo de cosas te piden los demás que hagas?

- ¿Qué tipo de actividades, actitudes o comportamientos en ti te hacen recibir cumplidos por parte de los demás?

- ¿Qué dones espirituales podría indicar esto y por qué?

Hechos 3:1-10

¹ Cierto día Pedro y Juan subían al templo a la hora novena (3 p.m.), la hora de la oración.

² Y había un hombre, cojo desde su nacimiento, al que llevaban y ponían diariamente a la puerta del templo llamada la Hermosa, para que pidiera limosna a los que entraban al templo.

³ Este, viendo a Pedro y a Juan que iban a entrar al templo, les pedía limosna.

⁴ Entonces Pedro, junto con Juan, fijando su vista en él, le dijo: "¡Míranos!"

OBSERVA

Poco tiempo después del derramamiento del Espíritu Santo en Pentecostés, dos de los discípulos estaban viajando al templo en Jerusalén para orar.

Líder: Lee Hechos 3:1-10 en voz alta. Pide al grupo que…

- *Marque cada referencia a **Pedro**, incluyendo sus pronombres, con una **P.***
- *Encierre en un círculo cada referencia al **hombre cojo**, incluyendo sus pronombres.*

DISCUTE

- ¿Qué aprendiste al marcar las referencias al hombre cojo?

- ¿Cómo respondió Pedro al pedido de limosna del hombre? ¿Se la dio?

• ¿Qué hizo Pedro?

• ¿Qué don espiritual exhibió Pedro a través de esta acción?

• ¿Quién lo capacitó para hacer esto? Explica tu respuesta usando el texto.

• ¿Cómo respondió el hombre ante su sanación?

• ¿A quién reconoció como aquel que lo había sanado? ¿Por qué es esto importante?

[5] El los miró atentamente, esperando recibir algo de ellos.

[6] Pero Pedro le dijo: "No tengo plata ni oro, pero lo que tengo te doy: en el nombre de Jesucristo el Nazareno, ¡anda!"

[7] Y tomándolo de la mano derecha, lo levantó; al instante sus pies y tobillos cobraron fuerza,

[8] y de un salto se puso en pie y andaba. Entró al templo con ellos caminando, saltando y alabando a Dios.

⁹ Todo el pueblo lo vio andar y alabar a Dios,

• ¿Cómo respondió el pueblo?

¹⁰ y reconocieron que era el mismo que se sentaba a la puerta del templo, la Hermosa, a pedir limosna, y se llenaron de asombro y admiración por lo que le había sucedido.

• A través de las Escrituras vemos esta repetida frase: *para que sepan que Yo soy Dios*. ¿Cómo se relaciona esa frase con el propósito de este don en la iglesia?

Romanos 16:1-2

¹ Les recomiendo a nuestra hermana Febe, diaconisa de la iglesia en Cencrea,

OBSERVA

En su saludo final a la iglesia en la ciudad de Roma, Pablo mencionó a Febe, una sierva de la iglesia.

Líder: Lee Romanos 16:1-2 en voz alta.

• *Pide al grupo que encierre en un círculo cada mención a **Febe**, incluyendo sus pronombres.*

² para que la reciban en el Señor de una manera digna de los santos,

DISCUTE

- ¿Qué don dice este pasaje que tenía Febe?

y que la ayuden en cualquier asunto en que ella necesite de ustedes, porque ella también ha ayudado a muchos y aun a mí mismo.

- ¿Cómo ejercía su don?

- ¿Cómo se vería en acción el don de servicio hoy en día?

- ¿Tienes el don de servicio? Explica tu respuesta.

- ¿Tiendes a notar una necesidad antes que los demás?

FINALIZANDO

A pesar que este curso no ha sido diseñado para decirte exactamente cuál es tu don espiritual, deseamos cerrar este estudio con algunas preguntas que podrían ayudarte a encontrar tu lugar de servicio en el cuerpo de Cristo.*

Cuando se trata de saber cuál es tu don, el primer lugar por donde comenzar es en oración. Después de todo, tu don viene del Espíritu Santo; por lo tanto, pregúntale a Él qué don te dio. Después de orar, medita en las siguientes preguntas, diseñadas para ayudarte a determinar si tu área de don es la de habla o servicio, e incluso cuál es tu don(es) espiritual(es) específico(s):

•¿En ocasiones te ofreces como voluntario para algún tipo de trabajo o servicio a los demás? Si es así, ¿cuál? ¿por qué ese trabajo en particular?

•¿Te sientes atraído a suplir una necesidad específica o interactuar con un tipo de personas en particular? Si es así, ¿cuál? ¿por qué lo encuentras tan atractivo para ti?

•¿Cuáles son las áreas más fuertes de tu vida cristiana? ¿cuáles son las áreas más débiles de tu vida cristiana?

•Si pudieras escoger entre dos trabajos en la iglesia – uno que requiere de mucha comunicación verbal de una u otra forma, y otro que requiere que ejecutes una tarea - ¿qué trabajo preferirías, y por qué?

Además de preguntarle a Dios en oración, y de examinar tu propia vida en relación a los dones espirituales, también deberías involucrar a los demás en tu búsqueda; particularmente a quienes son espiritualmente maduros y te conocen

---

* Si estás buscando un estudio más profundo sobre los dones espirituales, te interesará el libro Precepto sobre Precepto *Dones Espirituales*, disponible en www.precept.org o en la oficina de Precepto en tu país

bien. De seguro, ellos podrían tener útiles ideas que te guiarían a direcciones inesperadas.

Una vez que pienses haber identificado tu(s) don(es) espiritual(es), pregúntale a Dios dónde quiere Él que sirvas al cuerpo de Cristo. E incluso si no estás muy seguro, lánzate al agua y haz la prueba. Cuando estés trabajando en algún área de ministerio que encaje con tu don, probablemente te sentirás muy a gusto. De seguro lo sentirás como algo natural y estarás cómodo.

Sin importar cómo lo hagas, no desperdicies el don que Dios te ha dado. Recuerda, Él ha diseñado el cuerpo con la necesidad mutua de cada miembro; y cuando cada miembro trabaja junto a los demás, en la manera correcta, la iglesia funciona apropiadamente y somos la luz que brilla en la oscuridad.

Así que ora y pide al Espíritu Santo que te ayude a encontrar tu don y tu área de servicio… sin ti la iglesia estará discapacitada.

Por lo tanto… ¡comienza a trabajar en el cuerpo de Cristo!

Esta singular serie de estudios bíblicos del equipo de enseñanza de Ministerios Precepto Internacional, aborda temas con los que luchan las mentes investigadoras; y lo hace en breves lecciones muy fáciles de entender e ideales para reuniones de grupos pequeños. Estos cursos de estudio bíblico, de la serie 40 minutos, pueden realizarse siguiendo cualquier orden. Sin embargo, a continuación te mostramos una posible secuencia a seguir:

¿Cómo Sabes que Dios es Tu Padre?

Muchos dicen: "Soy cristiano"; pero, ¿cómo pueden saber si Dios realmente es su Padre—y si el cielo será su futuro hogar? La epístola de 1 Juan fue escrita con este propósito—que tú puedas saber si realmente tienes la vida eterna. Éste es un esclarecedor estudio que te sacará de la oscuridad y abrirá tu entendimiento hacia esta importante verdad bíblica.

Cómo Tener una Relación Genuina con Dios

A quienes tengan el deseo de conocer a Dios y relacionarse con Él de forma significativa, Ministerios Precepto abre la Biblia para mostrarles el camino a la salvación. Por medio de un profundo análisis de ciertos pasajes bíblicos cruciales, este esclarecedor estudio se enfoca en dónde nos encontramos con respecto a Dios, cómo es que el pecado evita que lo conozcamos y cómo Cristo puso un puente sobre aquel abismo que existe entre los hombres y su SEÑOR.

Ser un Discípulo: Considerando Su Verdadero Costo

Jesús llamó a Sus seguidores a ser discípulos. Pero el discipulado viene con un costo y un compromiso incluido. Este estudio da una mirada inductiva a cómo la Biblia describe al discípulo, establece las características de un seguidor de Cristo e invita a los estudiantes a aceptar Su desafío, para luego disfrutar de las eternas bendiciones del discipulado.

¿Vives lo que Dices?

Este estudio inductivo de Efesios 4 y 5, está diseñado para ayudar a los estudiantes a que vean, por sí mismos, lo que Dios dice respecto al estilo de vida de un verdadero creyente en Cristo. Este estudio los capacitará para vivir de una manera digna de su llamamiento; con la meta final de desarrollar un andar diario con Dios, caracterizado por la madurez, la semejanza a Cristo y la paz.

Viviendo Una Vida de Verdadera Adoración

La adoración es uno de los temas del cristianismo peor entendidos; y este estudio explora lo que la Biblia dice acerca de la adoración: ¿qué es? ¿Cuándo sucede? ¿Dónde ocurre? ¿Se basa en las emociones? ¿Se limita solamente a los domingos en la iglesia? ¿Impacta la forma en que sirves al Señor? Para éstas, y más preguntas, este estudio nos ofrece respuestas bíblicas novedosas.

Descubriendo lo que Nos Espera en el Futuro

Con todo lo que está ocurriendo en el mundo, las personas no pueden evitar cuestionarse respecto a lo que nos espera en el futuro. ¿Habrá paz alguna vez en la tierra? ¿Cuánto tiempo vivirá el mundo bajo la amenaza del terrorismo? ¿Hay un horizonte con un solo gobernante mundial? Esta fácil guía de estudio conduce a los lectores a través del importante libro de Daniel; libro en el que se establece el plan de Dios para el futuro.

Cómo Tomar Decisiones Que No Lamentarás

Cada día nos enfrentamos a innumerables decisiones; y algunas de ellas pueden cambiar el curso de nuestras vidas para siempre. Entonces, ¿a dónde acudes en busca de dirección? ¿Qué debemos hacer cuando nos enfrentamos a una tentación? Este breve estudio te brindará una práctica y valiosa guía, al explorar el papel que tiene la Escritura y el Espíritu Santo en nuestra toma de decisiones.

Dinero y Posesiones: La Búsqueda del Contentamiento

Nuestra actitud hacia el dinero y las posesiones reflejará la calidad de nuestra relación con Dios. Y, de acuerdo con las Escrituras, nuestra visión del dinero nos muestra dónde está descansando nuestro verdadero amor. En este estudio, los lectores escudriñarán las Escrituras para aprender de dónde proviene el dinero, cómo se supone que debemos manejarlo y cómo vivir una vida abundante, sin importar su actual situación financiera.

Cómo puede un Hombre Controlar Sus Pensamientos, Deseos y Pasiones

Este estudio capacita a los hombres con la poderosa verdad de que Dios ha provisto todo lo necesario para resistir la tentación; y lo hace, a través de ejemplos de hombres en las Escrituras, algunos de los cuales cayeron en pecado y otros que se mantuvieron firmes. Aprende cómo escoger el camino de pureza, para tener la plena confianza de que, a través del poder del Espíritu Santo y la Palabra de Dios, podrás estar algún día puro e irreprensible delante de Dios.

Viviendo Victoriosamente en Tiempos de Dificultad

Vivimos en un mundo decadente, poblado por gente sin rumbo, y no podemos escaparnos de la adversidad y el dolor. Sin embargo, y por alguna razón, los difíciles tiempos que se viven actualmente son parte del plan de Dios y sirven para Sus propósitos. Este valioso estudio ayuda a los lectores a descubrir cómo glorificar a Dios en medio del dolor; al tiempo que aprenden cómo encontrar gozo aún cuando la vida parezca injusta, y a conocer la paz que viene al confiar en el Único que puede brindar la fuerza necesaria en medio de nuestra debilidad.

Edificando un Matrimonio que en Verdad Funcione

Dios diseñó el matrimonio para que fuera una relación satisfactoria y realizadora; creando a hombres y mujeres para que ellos—juntos y como una sola carne—pudieran reflejar Su amor por el mundo. El matrimonio, cuando es vivido como Dios lo planeó, nos completa, nos trae gozo y da a nuestras vidas un fresco significado. En este estudio, los lectores examinarán el diseño de Dios para el matrimonio y aprenderán cómo establecer y mantener el tipo de matrimonio que trae gozo duradero.

El Perdón: Rompiendo el Poder del Pasado

El perdón puede ser un concepto abrumador, sobre todo para quienes llevan consigo profundas heridas provocadas por difíciles situaciones de su pasado. En este estudio innovador, obtendrás esclarecedores conceptos del perdón de Dios para contigo, aprenderás cómo responder a aquellos que te han tratado injustamente, y descubrirás cómo la decisión de perdonar rompe las cadenas del doloroso pasado y te impulsa hacia un gozoso futuro.

Elementos Básicos de la Oración Efectiva

Esta perspectiva general de la oración te guiará a una vida de oración con más fervor a medida que aprendes lo que Dios espera de tus oraciones y qué puedes esperar de Él. Un detallado examen del Padre Nuestro, y de algunos importantes principios obtenidos de ejemplos de oraciones a través de la Biblia, te desafiarán a un mayor entendimiento de la voluntad de Dios, Sus caminos y Su amor por ti mientras experimentas lo que significa verdaderamente el acercarse a Dios en oración.

Cómo se Hace un Líder al Estilo de Dios

¿Qué espera Dios de quienes Él coloca en lugares de autoridad? ¿Qué características marcan al verdadero líder efectivo? ¿Cómo puedes ser el líder que Dios te ha llamado a ser? Encontrarás las respuestas a éstas, y otras preguntas, en este poderoso estudio de cuatro importantes líderes de Israel—Elí, Samuel, Saúl y David— cuyas vidas señalan principios que necesitamos conocer como líderes en nuestros hogares, en nuestras comunidades, en nuestras iglesias y finalmente en nuestro mundo.

¿Qué Dice la Biblia Acerca del Sexo?

Nuestra cultura está saturada de sexo, pero muy pocos tienen una idea clara de lo que Dios dice acerca de este tema. En contraste a la creencia popular, Dios no se opone al sexo; únicamente, a su mal uso. Al aprender acerca de las barreras o límites que Él ha diseñado para proteger este regalo, te capacitarás para enfrentar las mentiras del mundo y aprender que Dios quiere lo mejor para ti.

Principios Clave para el Ayuno Bíblico

La disciplina espiritual del ayuno se remonta a la antigüedad. Sin embargo, el propósito y naturaleza de esta práctica a menudo es malentendida. Este vigorizante estudio explica por qué el ayuno es importante en la vida del creyente promedio, resalta principios bíblicos para el ayuno efectivo, y muestra cómo esta poderosa disciplina lleva a una conexión más profunda con Dios.

Distracciones Fatales: Conquistando Tentaciones Destructivas

¿Está el pecado amenazando tu progreso espiritual?
Cualquier tipo de pecado puede minar la efectividad del creyente, pero ciertos pecados pueden enraizarse tanto en sus vidas - incluso

sin darse cuenta - que se vuelven fatales para nuestro crecimiento espiritual. Este estudio trata con seis de los pecados "mortales" que amenazan el progreso espiritual: Orgullo, Ira, Celos, Glotonería, Pereza y Avaricia. Aprenderás cómo identificar las formas sutiles en las que estas distracciones fatales pueden invadir tu vida y estarás equipado para conquistar estas tentaciones destructivas para que puedas madurar en tu caminar con Cristo.

Volviendo Tu Corazón Hacia Dios

Descubre lo que realmente significa ser bendecido.
En el Sermón del Monte, Jesús identificó actitudes que traen el favor de Dios: llorar sobre el pecado, demostrar mansedumbre, mostrar misericordia, cultivar la paz y más. Algunas de estas frases se han vuelto tan familiares que hemos perdido el sentido de su significado. En este poderoso estudio, obtendrás un fresco entendimiento de lo que significa alinear tu vida con las prioridades de Dios. Redescubrirás por qué la palabra bendecido significa caminar en la plenitud y satisfacción de Dios, sin importar tus circunstancias. A medida que miras de cerca el significado detrás de cada una de las Bienaventuranzas, verás cómo estas verdades dan forma a tus decisiones cada día – y te acercan más al corazón de Dios.

Guerra Espiritual: Venciendo al Enemigo

¿Estás preparado para la batalla?
Ya sea que te des cuenta o no, vives en medio de una lucha spiritual. Tu enemigo, el diablo, es peligroso, destructivo y está determinado a alejarte de servir de manera efectiva a Dios. Para poder defenderte de sus ataques, necesitas conocer cómo opera el enemigo. A través de este estudio de seis semanas, obtendrás un completo conocimiento de las tácticas e insidias del enemigo. Mientras descubres la verdad acerca de Satanás – incluyendo los límites de su poder – estarás

equipado a permanecer firme contra sus ataques y a desarrollar una estrategia para vivir diariamente en victoria.

Viviendo Como que le Perteneces a Dios

¿Pueden otros ver que le perteneces a Dios?
Dios nos llama a una vida de gozo, obediencia y confianza. Él nos llama a ser diferentes de quienes nos rodean. Él nos llama a ser santos.
En este enriquecedor estudio, descubrirás que la santidad no es un estándar arbitrario dentro de la iglesia actual o un objetivo inalcanzable de perfección intachable. La santidad se trata de agradar a Dios – vivir de tal manera que sea claro que le perteneces a Él. La santidad es lo que te hace único como un creyente de Jesucristo.
Ven a explorar la belleza de vivir en santidad y ver por qué la verdadera santidad y verdadera felicidad siempre van de la mano.

Amando a Dios y a los Demás

¿Qué quiere realmente Dios de ti?
Es fácil confundirse acerca de cómo agradar a Dios. Un maestro de Biblia te da una larga lista de mandatos que debes guardar. El siguiente te dice que solo la gracia importa. ¿Quién está en lo correcto?
Hace siglos, en respuesta a esta pregunta, Jesús simplificó todas las reglas y regulaciones de la Ley en dos grandes mandamientos: amar a Dios y a tu prójimo.
Amar a Dios y a los Demás estudia cómo estos dos mandamientos definen el corazón de la fe Cristiana. Mientras descansas en el conocimiento de lo que Dios te ha llamado a hacer, serás desafiado a vivir estos mandamientos – y descubrir cómo obedecer los simples mandatos de Jesús transformarán no solo tu vida sino también las vidas de los que te rodean.

Liberándose del Temor

La vida está llena de todo tipo de temores que pueden asaltar tu mente, perturbar tu alma y traer estrés incalculable. Pero no tienes que permanecer cautivo a tus temores.

En este estudio de seis semanas aprenderás cómo confrontar tus circunstancias con fortaleza y coraje mientras vives en el temor del Señor – el temor que conquista todo temor y te libera para vivir en fe.

El Poder de Conocer a Dios

Puede que sepas acerca de Dios, pero ¿realmente sabes lo que Él dice acerca de Sí mismo – y lo que Él quiere de ti?

Este estudio esclarecedor te ayudará a ganar un verdadero entendimiento del carácter de Dios y Sus caminos. Mientras descubres por ti mismo quién es Él, serás llevado hacia una relación más profunda y personal con el Dios del universo – una relación que te permitirá mostrar confiadamente Su fuerza en las circunstancias más difíciles de la vida.

ACERCA DE MINISTERIOS PRECEPTO INTERNACIONAL

Ministerios Precepto Internacional fue levantado por Dios para el solo propósito de establecer a las personas en la Palabra de Dios para producir reverencia a Él. Sirve como un brazo de la iglesia sin ser parte de una denominación. Dios ha permitido a Precepto alcanzar más allá de las líneas denominacionales sin comprometer las verdades de Su Palabra inerrante. Nosotros creemos que cada palabra de la Biblia fue inspirada y dada al hombre como todo lo que necesita para alcanzar la madurez y estar completamente equipado para toda buena obra de la vida. Este ministerio no busca imponer sus doctrinas en los demás, sino dirigir a las personas al Maestro mismo, Quien guía y lidera mediante Su Espíritu a la verdad a través de un estudio sistemático de Su Palabra. El ministerio produce una variedad de estudios bíblicos e imparte conferencias y Talleres Intensivos de entrenamiento diseñados para establecer a los asistentes en la Palabra a través del Estudio Bíblico Inductivo.

Jack Arthur y su esposa, Kay, fundaron Ministerios Precepto en 1970. Kay y el equipo de escritores del ministerio producen estudios **Precepto sobre Precepto**, Estudios **In & Out**, estudios de la **serie Señor**, estudios de la **Nueva serie de Estudio Inductivo**, estudios **40 Minutos** y **Estudio Inductivo de la Biblia Descubre por ti mismo para niños**. A partir de años de estudio diligente y experiencia enseñando, Kay y el equipo han desarrollado estos cursos inductivos únicos que son utilizados en cerca de 185 países en 70 idiomas.

MOVILIZANDO
Estamos movilizando un grupo de creyentes que "manejan bien la Palabra de Dios" y quieren utilizar sus dones espirituales y talentos para alcanzar 10 millones más de personas con el estudio bíblico inductivo.
Si compartes nuestra pasión por establecer a las personas en la Palabra de Dios, te invitamos a leer más. Visita **www.precept.org/Mobilize** para más información detallada.

RESPONDIENDO AL LLAMADO
Ahora que has estudiado y considerado en oración las escrituras, ¿hay algo nuevo que debas creer o hacer, o te movió a hacer algún cambio en tu vida? Es una de las muchas cosas maravillosas y sobrenaturales que

resultan de estar en Su Palabra – Dios nos habla.

En Ministerios Precepto Internacional, creemos que hemos escuchado a Dios hablar acerca de nuestro rol en la Gran Comisión. Él nos ha dicho en Su Palabra que hagamos discípulos enseñando a las personas cómo estudiar Su Palabra. Planeamos alcanzar 10 millones más de personas con el Estudio Bíblico Inductivo.

Si compartes nuestra pasión por establecer a las personas en la Palabra de Dios, ¡te invitamos a que te unas a nosotros! ¿Considerarías en oración aportar mensualmente al ministerio? Si ofrendas en línea en **www.precept. org/ATC**, ahorramos gastos administrativos para que tus dólares alcancen a más gente. Si aportas mensualmente como una ofrenda mensual, menos dólares van a gastos administrativos y más van al ministerio.
Por favor ora acerca de cómo el Señor te podría guiar a responder el llamado.

COMPRA CON PROPÓSITO
Cuando compras libros, estudios, audio y video, por favor cómpralos de Ministerios Precepto a través de nuestra tienda en línea (**http://store.precept.org/**) o en la oficina de Precepto en tu país. Sabemos que podrías encontrar algunos de estos materiales a menor precio en tiendas con fines de lucro, pero cuando compras a través de nosotros, las ganancias apoyan el trabajo que hacemos:

• Desarrollar más estudios bíblicos inductivos
• Traducir más estudios en otros idiomas
• Apoyar los esfuerzos en 185 países
• Alcanzar millones diariamente a través de la radio y televisión
• Entrenar pastores y líderes de estudios bíblicos alrededor del mundo
• Desarrollar estudios inductivos para niños para comenzar su viaje con Dios
• Equipar a las personas de todas las edades con las habilidades es estudio bíblico que transforma vidas

Cuando compras en Precepto, ¡ayudas a establecer a las personas en la Palabra de Dios!

CPSIA information can be obtained at www.ICGtesting.com
Printed in the USA
LVOW05s1900201213

365981LV00012B/282/P